해오리 꿈을 찾다

시조사랑시인선 07

한재희
제2시조집

해오리 꿈을 찾다

열린출판

■ 시인의 말

선비의 길을 가다

　『해오리 꿈을 찾다』 시조집은 나의 두 번째 시조집이다. 지난 2016년 첫 번째 시조집 『풀꽃이 아름다운 것을』을 발간한 지 3년 만에 나의 삶과 느낌을 편견 없이 시조의 틀에 담아내다 보니 부자연스러움이 많다. 문재(文才)도 문력(文曆)도 부족한 글을 시조라는 너울을 씌워 아직 덜 익은 채 세상에 내보내게 되어 부끄럽기도 하다. 그러나 이미 내 손을 떠난 글이기에 어쩔 수 없이 세상을 떠돌아다니며 눈비를 맞고 풍랑을 맞더라도 담대하게 유랑할 수밖에 없다.

　이 시조집 제목 『해오리 꿈을 찾다』에서 해오리는 해오라기의 준말로 백로과에 속하는 작은 새(鳥)다. 필자는 해오리를 백로로 의미를 담아 마음 한구석에 잠겨 있는 해묵은 때를 말끔히 씻어내고 가벼운 마음으로 해오리가 되어 선비의 길을 가려 한다.

　　삼무의 온천수에 오욕을 씻어내니
　　까마귀 백로 되어 조령고개 넘나들며
　　청운의 과거길 찾아 선비정신 새긴다.

이 시조는 필자가 제1회 수안보온천 시조문예축전에서 대상을 받은 「해오리 꿈을 찾다」 작품이다. 無色, 無味, 無臭의 온천수에 세심정혼(洗心淨魂)하며 남은 인생을 정도로 살아가겠다는 다짐이다. 본 시조집 소재(素材)는 주로 ①충주관광, ②중원문화, ③효 문화, ④한반도의 평화, ⑤서민의 삶과 애환, ⑥가는 세월을 작품 속에 담으려 고민을 많이 했다. 그러나 지금까지 살아오면서 "남에게 폐를 끼치지 않겠다"라는 것이 나의 소신이었는데 이 졸작들이 독자님들 시공에 누가 되지 않을까 걱정스럽다. 모쪼록 '칭찬은 고래도 춤을 추게 한다'라는 속담과 같이 독자 여러분께서 부족한 점 많이 혜량하여 주시길 바란다.

끝으로 서재에서 늦은 밤까지 글쓰기에 몰두할 때 살며시 문을 열고 과일을 깎아 넣어준 사랑하는 아내 김영이에게 고맙게 생각한다. 그리고 두 번째 시조집을 세상에 내보내도록 물심양면으로 많은 도움을 주신 한국시조협회 김흥열 명예이사장님과 열린출판 임직원 여러분께도 깊은 감사를 드린다. 특히 충주지역 문화예술가들의 창작활동에 열정을 다하고 계신 충주중원문화재단 임직원 여러분께도 머리 숙여 감사드린다.

2020년 6월 5일
충주 호수마을 서재에서
松亭 한 재 희 씀

■ 차례

■ 시인의 말: 선비의 길을 가다 · 5

제1부 봄이 오는 고향

궁남지 연꽃 · 15
그리운 농요農謠 · 16
길 문화 · 17
눈물 · 18
능수버들 · 19
도깨비불 · 20
명상 · 21
명심銘心 · 22
봄이 오는 고향 · 23
사모곡 · 24
산소에서 · 25
소나무 숲 · 26
어머님 전 상서 · 27
우리의 멋 · 28
자화상自畵像 · 29
장터 사람들 · 30
저출산 · 31
주치의主治醫 · 32
청산은 나를 보고* · 33
커피 향 · 34

제2부 넙쿨장미

탄금대 · 37
평화의 만찬晩餐 · 38
한반도의 봄 · 39
할미꽃 · 40
호암지 · 41
갯마을 · 42
고향역 · 43
구룡계곡 · 44
그네 · 45
남한강 서정 · 46
넝쿨장미 · 47
녹색혁명 · 48
도담삼봉 · 49
동행 · 50
막걸리 · 51
만수계곡 · 52
목계나루 · 53
문학 한 바퀴 · 54
반딧불 축제 · 55
밤에 핀 벚꽃 · 56

제3부 가을로 가는 길목

빛의 소리 · 59

숨비 소리 · 60

여행 · 61

연안 부두 · 62

예찬禮讚 · 63

장타령 · 64

전선계곡戰線溪谷 · 65

청보리가 익어 갈 때 · 66

하늘 길 · 67

해변의 여인 · 68

가을로 가는 길목 · 69

고향의 가을 · 70

국향菊香 · 71

그리움 · 72

낙심 · 73

낙엽 · 74

남한강 발원지 · 75

노년의 쉼터 · 76

노을 · 77

단양강 잔도 · 78

제4부 수석(壽石)

막말·81
서울 구경·82
성화聖火·83
수석壽石·84
애기단풍·85
외손자·86
이명耳鳴·87
장독대·88
적금·89
점點 하나·90
조령鳥嶺의 가을·91
초량初凉에·92
친구야·93
친정엄마·94
화엄사에서·95
고목枯木·96
구두병원·97
굴러온 돌·98
그러려니 하고 사세·99
날개 잃은 봉황·100

제5부 흰 눈이 내리는 날

내 그릇 · 103
내용증명 · 104
님의 향기 · 105
동백꽃이 피는 날 · 106
매듭달 · 107
벽을 허물고 · 108
산행 · 109
살다 보면 · 110
세월歲月 · 111
소망所望 · 112
시인의 밤 · 113
아우성 · 114
여명黎明 · 115
외할머니 · 116
인동초忍冬草 · 117
초행길 · 118
촛불 민심 · 119
충주호 풍광 · 120
해넘이 · 121
흰 눈이 내리는 날 · 122

■ 수상작품

산철쭉 · 125
해오리 꿈을 찾다 · 126
향수鄕愁 · 127
풍물시장 · 128
연꽃 · 129

■ 악보

사모곡 · 130

■ 평설: 시전(詩田)을 거니는 선비 · 131

제1부 봄이 오는 고향

궁남지 연꽃

궁남지* 연못가에 수줍은 백 연화가
순백의 너울 쓰고 물놀이 나오셨네.
연잎 속
청초한 미소
속살 여는 공주님.

*궁남지는 사적 135호로 서동 설화가 깃들인 백제 시대의 연못이며 백제 무왕과 신라 때 선화공주의 사랑 이야기가 전해 온다.

그리운 농요農謠

용두레 물질하여 가뭄에 모를 내니
벼 포기 포기마다 농심이 담겨 있고
두레로
모내는 소리
논두렁을 넘는다.

들노래 방아타령 흥겨운 가락 속에
다락논 청개구리 향수를 달래주고
정겨운
우리의 농요
들녘마다 울린다.

길 문화

산길을 거니는 듯 숲길을 노니는 듯
성황당 고갯마루 돌고개 몽돌무지
오정산
고모산성 길
묻어나는 길 문화.

눈물

세상사 시끄러워
귀마개 하였더니

불청객 코로나가
입까지 막으라네.

귀 막혀
입 막은 세상
눈물 가득 고인다.

능수버들

호암지* 연당가에 늘어진 능수버들
배시시 실눈 뜨고 봄소식 전해준다.
연둣빛
배냇저고리
깔끔하게 입고서.

*1932년 충주시 호암동에 축조한 인공저수지로 시민 휴식공원임.

도깨비불

입 막고 빗장 걸은
안개 속 역병 난국

악(惡)한 자 근심되고
선(善)한 자 느긋하리

근본이
반듯한 자는
도깨비도 비켜간다.

*코로나19 극복을 기원하며....

명상

분주한 하루 일상 잠시 좀 미뤄놓고
가슴에 손을 얹어 심신을 다스리니
청아한
명상의 세계
마음까지 녹인다.

명심銘心

마음에 눈을 떠서
세상을 바로 보고

허공을 가르는 빛
육신에 받아들여

의식이
바뀌고 나면
인격이 달라진다.

봄이 오는 고향

은버들 실개천에 잔설이 녹아내려
금모래 반짝이며 개울에 흘러가고
송사리
하품 소리에
청개구리 선잠 깬다

귀여운 애기냉이 연둣빛 바람 타고
살며시 창을 열어 봄소식을 전한다.
젖냄새
솔솔 피우며
따로따로 걸음마.

사모곡

슬하에 어린자식 업어서 키우시며
집 안팎 궂은일을 숙명처럼 여겨 오신
꿈같은
당신의 세월
아로새겨 옵니다.

자식들 얼굴 모습 벽에다 걸으시고
혼자서 쓸쓸하게 빈집을 지켜 오신
어머니 그 많은 굴곡 어찌 안고 가셨소.

이제는 손주 놈들 이름도 가물가물
아련한 황혼녘에 남은 건 사진 한 장
빛바랜
영정 앞에서
흐느끼어 웁니다.

산소에서

수리산 가족묘원
조상님 산소 앞에

밤나무 대추나무
감나무 배나무로

정성껏
제물을 올려
청명한식 보낸다.

소나무 숲
- 母性愛

따듯한 마음속에 온화한 사랑으로
자식들 품어 안고 평생을 다하시며
송진 내
솔솔 피우다
송홧가루 되셨지

사계절 사시사철 언제나 변함없이
극진한 자식사랑 한없는 모성애로
청정한 소나무처럼 살아가라 하셨지

늘 푸른 깃털 속에 방울을 품으시고
솔바람 불어 올 땐 길마중 나오셨던
이 시대 어머니들은 소나무 숲이어라.

*목계 솔밭을 바라보며 .....

어머님 전 상서

새벽녘 칼바람이 모질게 몰아쳐도
가마솥 아궁이에 군불을 지피시며
혹독한 가난의 질곡 끌어안고 사셨지.

고쿠락* 청솔연기* 눈물로 이우시고
육남매 뒷바라지 끝도 없던 자식사랑
가슴에 사무쳐오네. 어머님의 그 모습.

수리산 양지마루 초라한 황토방 집
찾아간 문간방엔 거미줄만 일렁인다.
어머니! 그 머나먼 길 어찌 홀로 가셨소.

*고쿠락: 시골집 부엌 아궁이
*청솔연기: 생솔가지를 태울 때 나는 연기.

우리의 멋
-전주 한옥 마을

창포에 머리 감고 은비녀 곱게 꼽은
단아한 문화유산 전주의 한옥마을
농익은
선비촌 맵시
울안 가득 넘치네.

역사의 뒤란으로 밀려난 우리의 얼
그 줏대 꿋꿋하게 고집스레 이어가니
찬란한
우리의 문화
영원토록 빛나리.

자화상 自畫像

민들레 홀씨 되어
바람에 흩날리고

흰 구름 정처 없이
하늘을 떠가는데

길가에
차를 세우고
묻고 있다, 남은 길.

장터 사람들

오일장 장마당에 펼쳐 놓은 좌판 인심
덤 주고 깎아주고 마음마저 얹어주고
손끝에
묻어난 온정
정겨움이 넘친다.

저출산

아들딸 구별 말고 둘만 낳아 잘 기르자
덮어놓고 낳다 보면 거지꼴을 못 면한다.
보리밥
나물죽 먹던
가난했던 그 시절.

낳아라. 또 낳아라. 걱정말고 낳아라.
낳으면 키워주마 나라가 부모 되어
갓난애
울음소리가
동네방네 들린다.

주치의 主治醫
-김재권 내과

청진기 목걸이에 따스한 밝은 미소
언제나 친절하신 자상한 진료 상담
타고난 당신의 성품, 천사 같은 원장님

아픈 곳 찾아내어 약물로 치료하고
긴 터널 통과하며 상한 곳 살피시니
오늘도 진찰실에는 환자들로 붐빈다

건강은 건강할 때 검진은 늦지 않게
아침부터 저녁까지 간호사들 분주하다
고마운 건강지킴이 내과전의 김재권.

청산은 나를 보고*

티 없이 맑고 밝은 진실한 마음으로
부처님 자비 속에 공손히 손 모으며
탐욕을
헹굼질하여
청렴하게 살라 하네.

*지리산 화엄사 청풍당 마루 기둥에 나옹선사의 한시 「청산은 나를 보고」 시제 인용

커피 향

다듬은 돌담길에
아담한 기와지붕

여유의 공간에서
쉼표가 있는 여행

옛 향기
그대로일세!
한옥마을 커피 향.

제2부 넝쿨장미

탄금대

에움길 들어서니
솔향기 풋풋하고

풍광도 수려하여
한 폭의 산수화라

남한강
소소리 바람
열두대를 감돈다.

평화의 만찬晩餐

달고기* 감자전에 문배술 두견주라
서산의 한우고기 신안의 민어 해삼
판문점 평화의 밥상 정성이 가득하다.

옥류관 평양냉면 판문점 찾아오고
봉화골 오리쌀에 휴전선 산나물은
만찬장 비빔밥 되어 허기진 배 채운다.

*판문점 평화의집 남북정상회담 만찬(/2018년 4월 27일)
*달고기 : 부산의 대표적인 생선요리.
*평화와 통일을 위해 애썼던 분들의 뜻을 담아 정성껏 준비
 한 음식이라고 함.

한반도의 봄

동토에 하얀 눈이 우수에 녹아내려
평화를 바라보며 통일로 흘러가네.
애타게 마음 졸이며 기다려온 봄이다.

휴전선 소 떼 길에 단아한 반송나무
대동강 한강 물로 마른 가지 적셔주고
백두산 한라산 흙은 천 년 뿌리 덮는다.

늦은 봄 갈대 습지 도보다리* 거닐면서
막히고 쌓인 회포 모두 다 털어내면
흰 구름 몸집을 키워 높은 산을 넘는다.

*도보다리: 2018년 4월 27일에 판문점에서 제3차 남북정상회담 때 두 정상이 30여 분 동안 산책하며 대화를 나눈 다리이다.

할미꽃

따스한 봄 햇살에
아지랑이 피는 날

어머니 무덤가에
오그라진 할미꽃

빠알간
마고자 입으시고
아들 마중 나오셨네.

호암지

호암지* 호숫가에 꽃샘바람 부는데
늘어진 실버들엔 봄기운이 완연하고
물오리
봄을 물어다
식물섬에 심는다.

내 유년 걷던 못 길 되짚어 돌아보니
스쳐 간 추억들이 아련하게 몰려오고
참붕어
숨비소리가
둘레길에 울린다.

*호암지: 1932년 충주시 호암동에 축조한 인공저수지로 시민
 휴식 생태공원.

갯마을

옛살비* 갯마을에
고깃배 고동 소리

볼거리 즐길 거리
먹거리 풍년인데

바지락
축제 한마당
시조창이 아우른다.

*옛살비: 고향

고향역
-주덕 역에서

꿈 많던 학창시절 추억의 기차통학
책가방 마주하던 학우들 다 어딜 가고
쓸쓸한
정거장에는
흰구름만 떠있다.

구룡계곡

자연을 유랑하는
청량한 산새들이

조신한 계곡물에
마음을 수양하고

세상사
번뇌 망상을
세렴으로 씻는다.

그네
- 단오절

단오날 머리 감고 곱게 땋은 갑사댕기
팽나무 그넷줄에 옥색치마 휘날리던
어릴 적
고향 마을로
연서 한 장 띄운다.

남한강 서정

내 유년 담아놓은 충주호 정수리에
지난날 추억들을 뗏목에 가득 싣고
유유히
여울을 타고
아리수로 흐른다.

세월을 달관해 온 의연한 풍광들은
수련 중 갈고 닦은 비경을 펼쳐내고
우렁찬
뱃고동 소린
은빛 물살 가른다.

넝쿨장미

불타는 임의 눈빛 정열로 이글거려
첫눈에 반해버린 애절한 사랑 고백
순결로
에워싼 얼굴
볼우물도 예쁘다.

순박한 임의 사랑 가마로 모셔다가
각시방 이불 밑에 다독여 보듬어서
사랑가
토닥거리며
애정의 탑 쌓으리.

녹색혁명
-통일벼 집단 재배

허리띠 졸라맸던
한 많은 보릿고개

새 기술 개발하여
농가에 보급하고

통일벼
확대 재배로
식량자급 이루었다.

*70년대 농촌지도사업

도담삼봉

그 옛날 정선에서 장마 때 떠내려와
남한강 맑은 물에 터를 잡은 도담삼봉
강물에
발을 담그고
묵객墨客들을 반긴다.

동행

운명을 숙명으로 구김살 다려 가며
골목길 헤쳐 나온 세한의 인생살이
저만치 흘러간 세월 눈에 자꾸 밟힌다.

정情으로 맺은 인연 인내로 보듬으며
청운의 꿈을 실은 돛배 하나 띄워놓고
함께한 금혼의 세월 굳은살이 박인다.

자전거 바퀴처럼 서로가 조율하며
밀어주고 끌어주고 한마음 한뜻으로
오늘도 두 손 꼭 잡고 남은 길을 가련다.

막걸리

오일장 장마당에 허름한 목로주점
녹두전 한 소당에 술기운 얼큰하니
구성진 노랫가락이 밤이슬에 젖는다.

'홍도야 울지 마라' 목울대 곧추세워
젓가락 장단 맞춰 흥겹게 불러보던
그 옛날 그리운 시절 언제 다시 오려나.

그 누가 나를 보고 방랑자라 했는가
그 누가 나를 보고 시인이라 했는가
텁텁한 막걸릿잔에 시조 한 수 띄운다.

만수계곡

풋풋한
여름 계곡
초록빛 바람 일어

물 박달
그늘 숲에
시조새 노래하고

버들치
새 집 짓는다,
조약돌을 물어다.

목계나루

물안개 곱게 피는
남한강 목계나루

거룻배에 걸터앉아
저녁노을 바라본다.

지난날
추억을 담아
시조 한 수 낚으며.

문학 한 바퀴*

옷깃만 스쳐 가도 인연이라 했는데
한동네 살면서도 이름도 성도 몰라
찰나에
고운 임 만나
문향의 정 나눈다.

스스로 참여하고 서로를 존경하며
한 바퀴 굴러가고 두 바퀴 돌아가니
정겨운
문학 한 바퀴
선비정신 새긴다.

*충주문협에서 주최한 「우리 동네 문학 한바퀴」 강좌

반딧불 축제

산새들 지저귀는 덕유산 깊은 계곡
백련사 연꽃 피워 폭포로 내리쏟고
칠선녀
옥피리 소리
은은하게 들린다.

반딧불 반짝이는 친환경 청정계곡
여름밤 개똥벌레 무주를 비행하며
구천동
칠흑의 밤을
유성처럼 밝힌다.

밤에 핀 벚꽃

아파트 들머리길
밤에 핀 벚꽃들이

옷고름 풀어놓고
달빛을 즐기는데

슈퍼 문
살며시 내려와
날개옷을 감춘다.

제3부 가을로 가는 길목

빛의 소리*

추억의 도돌이표
호숫가 빛의 소리

총총한 별빛 아래
밤무대 물빛나루

옛 노래
울려 퍼지네.
불효자는 웁니다.

*빛의 소리: 매주 토요일 밤에 호암지 수변무대에서 공연으로 봉사하는 색소폰 동호인 단체.

숨비 소리

갯마을 상군해녀 바다로 출근한다.
생사의 기로에선 바다의 포클레인
온몸을
바다에 던져
물질한다. 해녀들

파도가 넘실대는 비경의 용궁에서
전복이 손짓하여 물숨을 참아내니
살려고
들어간 바다
무덤 될까 두렵다.

여행

찬란한 강변야경 헝가리 다뉴브강
애절한 통곡 소리 강물도 서러워라
온 가족
참 좋은 여행
하느님도 무심하네.

*참좋은 여행사의 해난사고

연안 부두
  -아우를 먼저 보내며

양천 땅 신월동에 메디힐 장례식장
헤어져 가는구나 얼굴 한번 다시 보자
영정 속 웃는 모습에 눈시울이 젖는다.

유골함 뱃머리에 파도가 길을 열어
갈매기 진혼곡에 가슴이 미어지고
구성진 행여 소리는 애간장을 녹인다.

낯설은 타향에서 고생만 실컷 하고
보내고 떠나야 할 기구한 운명 속에
23번 부표를 돌며 고별인사 나눈다.

예찬 禮讚
 - 문화새마을금고 강칠원 이사장

젊어서 고생고생 땀 흘려 벌고 벌어
어렵고 가난한 자 골고루 나눠주며
해마다 불우한 이웃 따듯하게 하셨지

사무실 운영비를 사비로 다 써가며
사위던 문화금고 일으켜 세우시어
총자산 삼천억 넘게 일궈주신 임이여

있다고 다 그런가 타고난 천성인걸.
공수래 공수거라. 비단결 같은 마음
당신의 높으신 큰 뜻 역사 속에 빛나리.

장타령

깡통에 빌어먹는 장마당 비렁뱅이
머리부터 발끝까지 품바로 분장하고
흥겹게
가위춤 추며
각설이를 전한다.

전선계곡 戰線溪谷
- 6.25 의 상흔

비바람 오랜 세월 사선을 넘던 그날
총탄이 남기고 간 전우의 붉은 핏물
구천동
너럭바위에
넋이 되어 흐른다.

백련사 연당가에 땅거미 드리우면
패잔병 투항 소리 아련히 들리는 듯
구천에
떠도는 영령
승전고를 울린다.

청보리가 익어 갈 때

푸른 달 서당골에 청보린 익어 가고
모질게 가난했던 추억을 떠올리며
종달새
휘파람 소리는
보릿고개 넘는다.

하늘 길

태초에 길을 열어 하늘로 이어지고
포암산 울력으로 베를 짜 펼쳐 놓은
영롱한
역사의 울림
백두대간 하늘재.

*하늘재: 충북 충주시 수안보면 미륵리와 경북 문경읍 관음 리의 경계를 이르는 고개로 명승 제49호임.

해변의 여인

뱃고동 울지 마라
안개 낀 항구에서

갈매기 목멘 소리
이별은 슬프더라.

외로운
등댓불 사랑
지새우는 이 한밤.

가을로 가는 길목

오곡에 묻은 농심 들녘에 널려있고
농부들 땀방울이 알알이 맺혀있네
가을로
가는 길목에
코스모스 웃는다.

별스레 무더웠던 무술년 한해 농사
들녘에 허수아비 풍년을 노래하고
논바닥
귀뚜라미는
가을걷이 서둔다.

고향의 가을

들녘에 허수아비 남루를 걸쳐 입고
온종일 새를 쫓다 목이 쉰 저녁나절
막걸리 한잔 마시며 마른 목을 축인다.

초옥집 안마당에 가을 햇살 내려앉아
멍석을 펼쳐 놓고 홍고추 말리는데
들국은 노란 얼굴로 시조 한 수 읊는다.

고향의 넓은 들은 풍요로 가득 차고
알알이 익어 가는 오곡을 바라보니
곡식은 익어 갈수록 고개를 더 숙인다.

국향 菊香

홀연히 어디론가 떠나고 싶은 계절
아쉬움 머금은 채 청초한 낯선 향기
가을이
남기고 간 빛
눈에 가득 어린다.

그리움

봄비가 내리는 날
먼 산을 바라보니

허전한 마음속에
그리움만 쌓인다.

임께서
떠나시던 날
소쩍새는 울었지.

낙심

강풍에 날아가고
폭우에 떨어져서

바닥에 나뒹구는
넋 나간 한해 농사

농심은
울분을 참고
아픈 가슴 달랜다.

낙엽

아련한 기억 속에 희미한 추억들은
굽이진 오솔길로 홀연히 사라지고
스산한
바람 소리만
우듬지에 울린다.

각박한 인생살이 시름을 달래가며
누렇게 마른 가슴 바스락 소리 내며
표연히
마음을 비워
등산로에 뒹군다.

남한강 발원지

도롱뇽 개구리가 봄이면 찾아와서
옹달샘 맑은 물에 진주알 낳아 놓으니
수리산 피돌기 소리 청아하게 들린다.

산토끼 날다람쥐 물 먹고 세수하고
고라니 산새들이 편안히 쉬어가는
졸졸졸 발원지 샘물 남한강을 찾는다.

아무리 가물어도 밤새껏 흘러내려
새벽에 조상님들 물 길러 나오시면
반갑게 미소를 진다, 깊은 산속 옹달샘.

노년의 쉼터

친구가 그립거든 쉼터를 찾아오게
고스톱 한판 치고 막걸리 한잔하고
더 늙기
더 늦기 전에
우리 함께 누리세.

노을

산그늘 그렁그렁
석양에 잠긴 노을

민낯의 곱던 해도
속눈썹 꺼풀지니

노을이
노을을 보며
사립문을 닫는다.

단양강 잔도*

암벽에 허리 돌려 새길이 열리면서
느림보 강물 따라 풍광도 고혹하니
벼랑 끝 단양강 잔도는 짜릿한 낭만이다.

전쟁이 남긴 상처 불빛으로 치유하고
빛 터널 골골마다 선사유적 즐비하니
천하가 발아래일세, 다시 보는 단양강

흘러간 모진 세월 벼랑 끝 같은 인생
이 몸이 으서지게 잔도처럼 살아왔지
초가을 즐거운 여행 좋은 추억 남긴다.

*잔도(棧道) : 험한 벼랑 끝에 낸 데크길

제4부 수석(壽石)

막말

습관이 가관되고
가관이 습관되면

서로가 서로에게
욕이 되고
화가 된다.

말 속에
말이 있으니
조심하라. 말조심.

서울 구경

자동차 경적 소리 고막은 으서지고
굽 닳은 구둣발은 지치고 피곤한 듯
도심 속
아스팔트길
두드리며 걷는다.

별 보고 출근하고 달 보고 퇴근하는
숨 막힌 지하철 안 고달픈 삶의 무게
지고든
가방 꾸러미
등에 업혀 잠든다.

성화 聖火

마니산 불꽃성화
충주로 달려와서

모시래 벌판 위에
횃불을 밝혔으니

오천만
손에 손을 잡고
함께 뛰자! 전국체전.

수석壽石

만년을 물속에서 뒹굴며 부서지고
깎이고 씻긴 허물 본성本性만 남아있어
온몸이 으스러진 삶 아픈 사연 남긴다.

자존을 내려놓고 비우고 가셔내어
모암이 촌석寸石으로 생명을 다시 이은
명품석 오묘한 자태 경외감이 듭니다.

외면의 산수경山水景은 겸양의 본질이니
범인凡人께 교시教示하는 착하고 고운 마음
애석愛石을 어루만지며 자문자답 합니다.

애기단풍

티 없이 맑고 고운
빛 고운 애기단풍

선연한 앳된 미소
눈으로 그리는데

갈바람
시샘을 하듯
여린 가지 흔든다.

외손자

강아지
좋아하는
이서방 양념치킨

쌈짓돈
언제 쓰랴
한 마리 튀겨보자

주말이
기다려지네.
천년 손님 민석이.

이명 耳鳴

간다간다 나는 간다. 고향산천 뒤로하고
이제 가면 언제 오나 북망산천 떠나는 길
구성진 상여꾼 소리 수리산을 울린다.

명사십리 해당화야 꽃 진다고 설워마라
저승길이 멀다더니 대문 밖이 저승일세.
한 많은 우리네 인생 풀잎의 이슬이라

인생 백 년 산다 해도 병든 날과 잠든 날들
근심 걱정 다 제하면, 단 사십도 못 사느니
요랑꾼 애달픈 선소리 오만 간장 녹인다.

장독대

구수한 된장 맛은 아버님 가훈이요
짭짤한 간장 맛은 어머님 모성애라
우리 집
장항아리는
부모님의 사랑이다.

적금

구순의 백발노인 번호표 뽑아 들고
마을금고 창구에서 순서를 기다린다.
한평생
몸에 밴 저축
백세시대 표상이다.

자식들 걱정되어 용돈 모아 적금 붓고
아끼고 절약하는 알뜰하신 깊은 사랑
가득 찬
행복주머니
가풍으로 이어진다.

점點 하나

'고질 병'에 점 하나면
'고칠 병'이 될 수 있고

'빚'이란 걱정 속에
점 하나로 '빛'을 보니

점 하나
찰나의 선택
웃고 운다, 인생사.

조령鳥嶺의 가을

으악새 서걱이며 가을 색 짙어가고
주립 쓴 애기단풍 즐비한 새재 길에
쪽빛은
갈바람 타고
과거 길을 누린다.

초량初涼에

사랑도 그리움도 한세월 저문 날에
이우는 석양빛을 무심히 바라보니
농심이
머물던 자리
인생철학 여문다.

친구야

친구야 이 친구야! 무정한 이 사람아
가더니 그만인가. 6년이 지났는데
소식 좀
전해 주게나
궁금하지 않은가

우정도 잊었는가. 무심한 이 사람아
네 모습 보고 싶고 목소리 듣고 싶네
친구야
극락에서는
편안하게 잘 살게.

친정엄마

삼태기 둘러메고 고구마 감자 캐는
내 고향 충청도로 마음은 앞서가고
귀성길
고속도로는
가다 서다 붐빈다.

앞마당 멍석 위에 홍고추 익어 가고
처마 밑 메줏덩이 주렁주렁 매달린
친정집
엄마의 향기
가실 날이 없어라.

화엄사에서

청산은 고요하고 창공은 푸르른데
산사에 내린 신록 봄향기 가득하고
홍매화
염불소리는
깊은 산곡山谷 스며든다.

고목枯木

고단한 삶의 무게
모두 다 내려놓고

비우고 또 비우고
속까지 텅 비우고

차안此岸은
고목이 되어
피안彼岸을 바라보네.

구두병원

삭신이 쑤시도록 힘겹게 살아온 생
뼛골이 으스러지고 혓바닥 드러나도
무릎 위
손끝 도술에
해진 상처 아문다.

숙명처럼 살아온 쪽방촌 살림살이
늘어난 주름살에 세월은 저물어도
징그리*
망치 소리는
경사제를 박는다.

*징그리: 철로 된 발바닥 모양의 틀

굴러온 돌

로마를 여행하며 로마법을 따르려고
유스티 공부하니 너무도 어렵구려.
상념을 약탕에 넣어 보약처럼 달이리.

송어는 맑은 물에 향어는 흙탕물에
자연에 적응하며 순리대로 사는 것이
이 시대 할아버지의 변함없는 삶이다.

양지가 음지 되고 음지가 양지되니
굴러온 조약돌이 박힌 돌 어찌 빼랴
힘들고 어렵더라도 두드리며 가리라.

*유스티 : 유스티니아누스법전으로 로마법

그러려니 하고 사세*

인생사 내 마음에 꼭 드는 사람 있나
나 또한 남의 맘에 꼭 맞게 살 수 없지
모든 걸 이해하면서 그러려니 하고 사세

내 귀에 들리는 말 어찌 다 좋겠는가.
내 말도 남의 귀에 거슬릴 때 있으니
모든 걸 참아 가면서 그러려니 하고 사세

상대가 주는 상처 마음 아파 하지 마세
남들이 비난해도 서운해 하지 말고
모든 걸 비워가면서 그러려니 하고 사세.

*혜민 스님 법문 인용(引用)

날개 잃은 봉황

따듯했던 구중궁궐 비바람 몰아치고
격랑의 소용돌이 걷잡을 수 없구려!
북악산
소나무 숲에
날개 잃은 봉황새

어떻게 해야 하나 밤잠을 못 이루고
펑펑펑 쏟아지는 한없는 눈물 속에
효자동
청기와 집에
이러려고 내가 왔나.

제5부 흰 눈이 내리는 날

내 그릇

선하게 살아가리
부족한 듯하면서

욕심을 다스리어
내 복에 감사하고

내 그릇
내 몫만 담아
내 그릇을 채우리.

내용증명

동해안 갈매기는 독도를 순찰하며
태극기 흔들면서 평화를 부르짖고
일본은
짝사랑 하지마라
내용증명 보낸다.

님의 향기
- 故 이준규 교장님

아침햇살 따스하니 외롭지 않습니다.
노을 진 그늘 속에 산다는 거 배웁니다.
올곧은 선비의 모습 보고 싶은 임 생각

멀리서도 보입니다. 청송같은 임의 얼굴
가깝게도 느낍니다. 녹죽같은 임의 마음
당신의 훈훈한 속정 마음속에 새깁니다.

여명의 붉은 햇살 웃는 해 등 떠밀고
소나기 떠난 자리 무지갯빛 찬란하니
소탈한 그 웃음소리 귓전에서 울린다.

동백꽃이 피는 날

순백의 함박눈이 소복이 쌓이는 날
사랑의 밀어처럼 눈 속의 사슴처럼
눈 덮인 백두대간에 곱게 피는 겨울 꽃

민족의 이름으로 반갑게 맞은 손님
우리가 남이였나! 어색한 만남의 장
막혔던 하늘 땅 바다 속절없이 뚫리고

한 송이 동백꽃이 눈 속에 피어나듯
푸른빛 연서* 속에 담아온 혈육의 정
영롱한 항아리 성화 평화통일 이루리.

*푸른빛 연서: 북한 김여정이 청와대를 방문하여 문재인 대통령에게 전달하는 파란색 파일.(2018년 2월 10일)

매듭달

마지막
가는 세월
아쉬움은 많지만

못 이룬
미완의 일
내년을 기약하며

새해엔
사념의 소망
이루도록 해야지.

벽을 허물고
　-판문점 자유의 다리에서

철마는 길이 막혀 가다가 녹이 슬고
방배단 등 뒤에서 평화는 숨어 운다.
그네들
아픈 사연을
삼팔선은 아는가.

산행

산마루
굽이 돌아
가을빛 휘어잡고

허전한
마음으로
오솔길 걷노라면

덧없이
흘러간 추억
낙엽처럼 쌓인다.

살다 보면

살면은
사라진다.
이런 일도 저런 일도

곰곰이
생각한다.
지난날도 오는 날도

살다가
그 날이 오면
이슬처럼 사라지리.

세월歲月

매듭 달 저녁노을 빛바랜 애기단풍
굽이진 산책로에 맥없이 떨어지고
들국은
소슬바람에
가는 세월 탄한다.

소망 所望

찬 물결
일렁이는
먼 바다 물마루에

뜨겁게
타오르는
여명의 붉은 태양

들끓는
용광로 속에
새해 소망 달군다.

시인의 밤

시계는
밤을 새워
세월을 톱질하고

시인은
밤을 새워
마음을 톱질한다.

깊은 밤
톱질을 하며
다듬질로 새운다.

아우성

무술년 끝자락에 넋 잃은 석양빛은
나직이 몸을 사려 표연히 잠드는데
광화문
아우성 소리
그칠 날이 없구나.

길거리 카드 섹션 색깔도 가지각색
잠룡들 딴생각에 철새는 깨춤 추고
우릿간
황금 돼지는
코웃음을 짓는다.

여명 黎明

민낯의
맑은 해가
질곡을 헤쳐 나와

세상을
밝혀주니
정유년 새해로다

대둔산
높은 봉우리에
차오른다. 저 태양.

외할머니

할머니 외할머니 보고 싶은 할머니
방학 때 철길 따라 외갓집 놀러 가면
반갑게 맞아주시던 할머니가 그립다.

할머니 손을 잡고 텃밭에 따라가면
오이도 따주시고 참외도 따주시며
먹어라 어서 먹어라 인정도 많으셨지

한없이 쏟아지는 아릿한 그리움에
산소를 찾아가니 잔디만 무성하고
빛바랜 표지석 옆에 할머니가 계신다.

인동초 忍冬草

오대양 육대주를 평화로 아우르며
구름길 잔디밭에 금은화 곱게 피운
따듯한
후광의 숨결
마디마디 맺힌다.

초행길

눈 덮인 겨울 산에 신드롬 몰려오고
마식령 스키장을 종횡하는 꽃사슴은
올림픽
깃발을 들고
평화통일 외친다.

*평창 동계올림픽 남북 합동훈련을 위한 마식령 스키장 방문
 (2018년 1월 23일)

촛불 민심

123 광화문 앞
232 성난 민심

촛불이 횃불 되어
세월호 외치면서

7촌음
416 횃불
효자동을 향한다.

*2016년 12월 3일 232만 명이 참석한 촛불집회에서 4월 16일 세월호 참사 7시간 동안의 의혹을 퍼포먼스 로 보여주는 광화문 촛불집회

충주호 풍광

삼백리 뱃길 위에 떠있는 도담삼봉
옥순봉 구담봉을 화폭에 담아내고
탄금대 툇마루에는 가야금이 울린다.

통일을 염원하는 충주댐 중앙탑은
너스레 그만 접고 남북이 하나 되어
비핵화 평화통일을 기원하며 서 있다.

은빛깔 여울목에 정겨운 목계나루
강변을 떠다니는 철적은* 물새들은
나라님 방울소리만 듣고 있다. 오늘도

*철적은: 제철에 맞지 않는다는 충청도 방언.

해넘이

세모의 골목길에
명멸하는 가로등

못 이룬 소망들이
너무도 많고 많아

불빛도
잠 못 이루고
뜬눈으로 새운다.

흰 눈이 내리는 날

얼마를 기다렸나 서설瑞雪이 내려주길
대장정 끝이 나면 징소리 울리겠지
남과 북
하나가 되어
평화통일 이루리.

수상작품

산철쭉

가르마 곱게 타고 다듬새 예쁜 머리
연분홍 치맛자락 바람에 날리면서
그리운 임을 맞듯이 이 산 저 산 피어있다.

닿을 듯 흰 구름은 살포시 내려앉고
더디 핀 산철쭉이 햇살을 이고 있다.
뻐꾸기 울음소리가 골을 타고 내린다.

산 너머 아스라이 운해 또한 비경이다
불그레 볼 비비는 열화의 시새움은
펼쳐 논 군락 풍광이 바쁜 길을 잡는다.

*시조문학 신인상.(2014년 9월 20일)

해오리 꿈을 찾다

삼무의 온천수에 오욕을 씻어내니
까마귀 백로 되어 조령고개 넘나들며
청운의
과거길 찾아
선비정신 새긴다.

*三無: 無色, 無味, 無臭
*수안보온천시조문학 대상(2014년 4월 19일)

향수 鄕愁

가뭄에 봇물 가둬
어린모 심은 들녘

아련히 들려오는
개구리 울음소리

애수의
소야곡 속에
묻어놓은 그리움.

*한국시조문학 대상(2018년 1월 6일)

풍물시장

후미진 골목길에 남루를 걸쳐 입고
역사의 뒤란으로 밀려난 풍물시장
부대낀 서민의 삶이 고스란히 묻어있네.

목이 쉰 저 유성기 눈길 한번 못 끌지만
한때는 명품으로 좋은 시절 보냈었지
무너진 시공 속으로 한 생애가 지나간다.

비좁은 골목에다 걱정을 내려놓고
옛정을 줄줄 엮어 허기를 채운 여정
정두고 떠나는 나그네 발걸음이 무겁다.

*대은시조문학상 작품상(2018년 10월 13일)

연꽃

옹이진 가슴앓이
진흙 속 깊이 박혀

청빈의 꽃을 들고
맨발로 우뚝 서서

황사로
찌든 세상을
근심하고 있구나.

*청명시조문학상 은상(2018년 11월 10일)

사모곡

한재희 작시
지재범 작곡

■ 평설

시전詩田을 거니는 선비

김흥열 (사)한국시조협회 명예이사장

Ⅰ.

송정(松亭) 한재희 시인에게 특별한 친근감을 느끼는 것은 아마 필자가 전에 충주에 근무한 추억이 있기 때문이며 그래서 고향 친구처럼 더 가까이 다가가게 되었는지도 모른다. 그러나 이것은 사적인 선입견 영역의 일부이고 정작 송정 선생에 대해 더 자세히 알게 된 것은 (사)한국시조협회의 회원으로 가입한 이후이며 그분의 자상한 인품을 새삼 발견하고 존경해 왔기 때문에 남다른 정을 느끼고 있다고 하는 것이 솔직한 표현일 것이다. 법 없이도 살 것 같은 촌스러운 순수함, 즉 인간의 본성은 본디 선하다는 맹자의 성선설(性善說)을 그분에게서 발견했기 때문이다.

선생 역시 "보릿고개"라는 험난한 여정을 거쳐 왔고 부모에 효도하는 것이 인간 본연의 도리라는 교육을 받았고 사(私)보다는 공(公)과 충(忠)을 우선순위에 두고 살아온 세대이다.

시인은 40여 년을 공직에 계시면서 낙후된 농촌경제를 부흥시키고자 노력해 온 보배 같은 분이시다. 공직을 벗어나면서 시조를 배우기 시작했지만 누구보다도 열정적으로 민족의 얼이 배인 멋과 맛있는 시조에 맛 들여서 작품 창작에 열정을 쏟고 있으며 지역사회 발전을 위해 요즘도 자신의 손과 발을 내놓고 사는 분이시니 어찌 존경받아 마땅치 않겠는가?

　근자에 여러 잡지에 발표되는, 또는 개인 시조집을 읽다 보면 시조의 정형성을 파괴하는 작품이 종종 보인다. 학계에서는 시조는 정형이 생명이라는 주장과 시대의 변천에 따라 일부 파괴되어도 된다는 주장이 팽팽히 맞서 있다. 이런 다툼의 원인은 음수론이냐 음보론이냐에 따라 자기들의 주장을 내세우다보니 자연스럽게 파생되는 문제 중의 하나일 것이다.

　(사)한국시조협회는 음수론을 기본으로 하는 단체로 송정 선생 역시 음수론을 따르는 작가이시다. 시조의 DNA가 고시조에서 물려받은 유산이라는 점을 인정하면 정형의 근거를 음수론에서 찾아야 할 것이다. 시조가 자유시와 변별력을 갖는 것은 정형의 유지 여부에 달려 있다. 즉 이를 무시하고 음보론에 따르다 보면 자유시에 가깝게 되고 시조의 특징이 없어진다. 특히 시조에서 각 장마다 문장의 독립성과 연결성 그리고 종장에서 완결성을 유지하는 것이 특징 중 하나임에도 불구하고 이를 지키지 않는 시인들이

너무 많다. 이런 현상이 벌어지는 것은 시조에 대한 올바른 이해가 부족했기 때문에 빚어지는 결과일 것이다.

이번에 상재되는 松亭(송정)시인의 작품은 하나같이 시조 DNA를 물려받은 표준형이라 할 만큼 정형을 잘 지키고 있다. 이것은 작가가 그만큼 시조에 대한 올바른 이해를 하고 있다는 방증(傍證)이기도 하다.

이번 『해오리 꿈을 찾다』에 상재되는 작품은 5부로 나뉘어져 있고 작품 수는 수상작품까지 105편에 이른다. 작품 전체를 통하여 松亭 선생의 작품 포에지(Poèsie)는 한 마디로 말해 "선비가 노니는 시세계(詩世界)와 같다"는 느낌을 받았다. 역시 작품 하나하나에 때 묻지 않은 여유와 멋과 가락이, 또한 그리움이 가득 묻어 있어 더욱 그 정을 감칠맛 나게 느낄 수 있으며 松亭선생의 인품을 돋보이게 하고 있다. 시인의 감성(感性)이나 어떤 사물에 대한 관조(觀照) 내지는 통찰력(洞察力)이 섬세하고 예리하다. 이제 松亭선생이 일구어 낸 시전(詩田)을 거닐며 그가 추구하는 시세계로 들어가 보기로 한다.

II.

　　세상사 시끄러워
　　귀마개 하였더니

> 불청객 코로나가
> 입까지 막으라네.
>
> 귀 막혀
> 입 막은 세상
> 눈물 가득 고인다.
>
> <눈물> 전문

 2020년의 봄은 전 세계적으로 '코로나19'라는 팬데믹(pandemic)으로 인류에게 고통을 준 봄이었다. 많은 사람이 죽어 갔고 고통에 시달렸다. 시인은 이런 아픔을 보면서 가슴으로 시를 엮어 냈다. 세상은 이념전쟁, 경제전쟁, 테러와의 전쟁, 가난과의 전쟁 등으로 혼란스럽게 살고 있다. 어디 그뿐인가 망가진 환경오염으로 또 전쟁을 치르고 있는 중이다. 이처럼 귀를 막고 싶을 정도로 시끄러운 세상에 또 말 많은 현자들이 난무하고 있다. 백성의 지도자라는 사람들은 자극적인 말을 많이 해야 훌륭한 지도자가 되는 줄로 착각하고 마치 경쟁이라도 하듯 막말을 쏟아낸다. 귀는 막으면 되지만 입을 막지 못하는 인간의 욕망을 코로나가 덮쳐 와서 강제로 그 입들을 막게 한다. 이렇게 느닷없이 당하는, 내 의사나 의지와는 관계없이 강제로 입을 막게 하는 것은 우리의 힘보다는 다른 차원의 영역이 아닐까 하는 생각도 해본다.

 우리는 살다 보면 때론 불청객을 만난다. 이 불청객은 이익보다는 해를 입히는 경우가 더 많다. 시인이 보고 있는 코로나는 인류에게는 원치 않는 불청객이 틀림없다.

시인의 심정을 읽을 수 있는 대목이다. 이렇게 강제적 조치라도 취하지 않으면 짧은 세치의 혀는 독화살이 되어 상대의 심장을 거침없이 찌를 것이다. 시인의 가슴은 성선설을 외치고 있지만 귀먹은 세상은 이를 알아듣지 못한다. 언제나 세상이 좀 조용해지려는지. 종장을 보면 '세상에 눈물 가득 고인다.'라는 표현은 모든 이가 흘리는 통회의 눈물이었으면 좋겠다. 이 눈물은 성진(性眞)이 되어야 한다. 가득 고인 눈물마저 가짜라면 우리에겐 어떤 희망도 없지 않을까?

> 분주한 하루 일상 잠시 좀 미뤄놓고
> 가슴에 손을 얹어 심신을 다스리니
> 청아한
> 명상의 세계
> 마음까지 녹인다.
>
> <명상> 전문

현대인은 특별한 일이 없어도 바쁘다. 가만히 있으면 손해 보는 것 같아 모바일 폰이라도 뒤적거려야 직성이 풀린다. 이런 일상을 잠시 미뤄놓고 시인은 여유를 갖고자 한다. 우리는 바람에 휘둘리는 갈대가 아니라 생각하는 갈대라고 파스칼은 말했다. '생각'이 아름답고 진실하려면, 신이 요구하는 경지에 다다르려면 반드시 명상이 필요하다. 이 명상을 통하여 우리는 신의 세계를 엿볼 수 있다. 종장에서 시인은 "청아한 명상의 세계 마음까지 녹인다."라고 결론을 내고 있다. 명상의 세계는 청아해야만 한다. 잡티가 달라붙어 있으면 그 세계로 들어갈 수 없다. 삶의 현장에서 묻은 먼지를 용광로의 쇳물처럼 녹여서 태워내야 본래의 심성으로 되돌아 갈 수 있다, 명상은 마음을 비춰주는 거울이다. 겉모습이야 거울을 보면 되지만 자기 속의 자신도 모른다. 인간의 심리적 구조는 항상 욕구와 갈등으로 짜여 있는 것 같다. 복잡한 현대 사회에서 나를 보려면 시인의 말처럼 명상에 빠져봐야 "나"라는 참 모습을 발견할 수 있고 가야할 정도(正道)를 찾을 수 있다.

 시인은 종장에서 "마음까지 녹인다."라고 결론을 내고 있는데 여기서 그가 말하는 마음이란 어떤 마음일까? 아마도 삿된 마음이거나 심리적 갈등을 녹이고 싶은 심정으로 이해된다.

> 슬하에 어린자식 업어서 키우시며
> 집 안팎 궂은일을 숙명처럼 여겨 오신
> 꿈같은
> 당신의 세월
> 아로새겨 옵니다.
>   <사모곡> 3수 중 첫 수

 세상의 어머니는 모두 자식 사랑이 지극하겠지만 특히 우리나라 어머니들의 자식 사랑은 남다르다 하겠다. 특히 일제 강점기와 6.25를 겪으면서 우리는 누구를 막론하고

보릿고개를 넘어야만 했고 "아는 것이 힘이다."라는 일종의 사명감 속에서 가난과 무지를 탈피하는 수단은 바로 교육이라는 깨달음을 터득하게 했을 것이다. 따라서 자식에 대한 교육열은 우리를 부유한 나라로 만드는 데 큰 역할을 담당하였다. 이런 과정에 동반한 사람은 언제나 어머니였다. 한글조차 못 읽는 어머니라 할지라도 그 설움을 자식들에게 유산으로 남겨 주어서는 안 된다는 것이, 그분들에게는 숙명처럼 받아들여야 하는 사명이었을 것이다. 그러므로 물론 산업 현장의 산업 역군들의 힘을 과소평가할 수는 없지만, 그 밑바탕에는 어머니의 보이지 않는 땀과 눈물이 밑거름 역할을 하고 있었음을 부인할 수도 없다. 자식을 위해 기꺼이 목숨을 내주시는 분은 이 세상에 어머니란 이름뿐이다. 그래서 여자는 약하지만 어머니는 강하다는 말이 생겨났을 것이다.

   집안의 모든 일은 여자의 몫이었다. 심지어 배곯는 일까지도 운명처럼 받아들이고 살았던 시절이 있었다. 여자라는 이유로 이름도 받지 못한 예도 허다하고, 남편에게 학대를 받아도 오직 자식 때문에 감내해야 하는 아픔도 어머니의 몫이었다. 아마 이런 어머니의 희생이 없었더라면 오늘 "나"라는 존재는 없었을지도 모를 만큼 그 사랑은 위대했다.

   지금 화자는 그런 어머니를 그리워하고 있다. 어머니는 돌아가셔도 우리의 가슴엔 늘 살아 계신다. 죽어도 사는 존재는 어머니뿐이다.

> 오일장 장마당에 펼쳐놓은 좌판 인심
> 덤 주고 깎아주고 마음마저 얹어주고
> 손끝에
> 묻어난 온정
> 정겨움이 넘친다.
>
> <장터 사람들> 전문

  시골 오일장은 만남의 광장이다. 이야기꽃이 시들 줄 모르는 대화의 장이며 새로운 뉴스와 지식을 접하는 교육장이기도 하며 오랜만에 만난 지인 친구들과 한바탕 춤추고 노는 마당놀이 장소가 바로 오일장이다.
  필자 역시 어릴 때 그 추억을 잊을 수 없다. 시인은 '덤으로 깎아주고 마음마저 얹어준다.'라고 했다. 만남의 손끝에는 한결같이 정이 묻어 있어 더욱 따듯하고 행복하다. 오일장은 오히려 휴식의 터전이 되어 삶의 활력을 되찾게 되는 공간이 된다. 필자는 이 작품을 읽으면서 허생원이 생각났다. 충주의 오일장은 이효석의 <메밀꽃 필 무렵>의 배경이 된 지역으로 충주와 제천의 오일장을 떠돌며 살던 허생원이 소금을 뿌린 것 같은 메밀밭 길을 가며 동이와 오순도순 이야기를 나누는 장면이 선명하게 그려졌다. 도심의 삶은 각박하다. 한 아파트에 살면서 승강기에서 만나도 서로 인사도 잘 나누지 않는다. 필자는 그런 심리상태를 이해하지 못한다. 그러나 시골의 삶은 다르다. 시인의 말처럼 오일장에서 만난 낯선 얼굴일지라도 물건을 사면 덤을 준다. 고마움의 표시이기 전에 정(情)이 앞서기 때문이다. 그렇게 사는 것이 인간의 도리라고 생각한다. 그래서 시조는 언제나 어머니의 품처럼 따듯하고 정겹게 느껴진다.

에움길 들어서니
솔향기 풋풋하고

풍광도 수려하여
한 폭의 산수화라

남한강
소소리 바람
열두대를 감돈다.

<탄금대> 전문

탄금대는 충청북도 기념물 제4호로 지정된 곳이다. 남한강 상류와 달천강이 합류하는 곳으로 경관이 수려하고 유서 깊은 고적지이기도 하다. '탄금대'라는 명칭은 악성 우륵이 바위에 앉아 가야금을 타며 살았다고 하여 지어진 이름이며 임진왜란 때는 신립장군이 이곳에 배수진을 치고 싸우다 전사한 장소이기도 하다. 필자도 70년대 후반 충주에서 근무한 적이 있어 여러 번 탄금대를 찾았던 추억이 깃든 곳이다. 화자가 말한 대로 열두대를 휘감고 있는 소슬바람은 천 년 전이나 지금이나 변함이 없겠지만 흐르는 세월은 무심하여 수많은 인걸을 보내고 또 새 사람을 맞고 있어

도 단 한마디 말이 없다. 우륵이 가야금을 타던 그 바위는 무슨 말을 하고 싶을까 궁금해지기도 한다. 천년을 독자 앞에 펼쳐 놓는 시인의 글재주가 어찌 평범하다 하겠는가? 화자가 그린 한 폭의 산수화 속에 천년의 숨소리가 들리는 듯하다.

> 그 옛날 정선에서 장마 때 떠 내려와
> 남한강 맑은 물에 터를 잡은 도담삼봉
> 강물에
> 발을 담그고
> 묵객墨客들을 반긴다.
>
> <도담삼봉>

   도담삼봉은 단양 팔경 중의 하나로 가장 으뜸이 되는 곳이다. 조선왕조 개국 이념의 기반을 닦은 정도전도 젊은 시절 이곳에서 머물기를 좋아했으며 자신의 호를 삼봉이라 짓기도 하였다. 화자가 말한 대로 강원도 정선에서 장마 때 떠내려와 단양군에서는 정선읍에 매년 세금을 바치고 있었는데 정도전이 우리 군에서는 필요 없는 것이니 도로 가져가라고 한 이후부터 세금을 물지 않았다는 재밌는 이야기가 전해지고 있다.
   남한강 맑은 물이 너무 좋아 삼봉은 발 담그고 떠날 줄 모르고 흐르는 강물은 도담삼봉이 좋아 멋칫멋칫 산모롱이를 돌아가는 광경은 정말 일색이 아닐 수 없다. 어느 시인이 이곳을 보고 술 한 잔을 마시며 시 한 수를 읊지 않고 그냥 지나칠 수 있단 말인가?

　아마 수많은 묵객들이 삼봉을 노래하며 풍류를 즐겼을 것이다. 위 작품은 단수이면서도 시조의 참맛을 잘 살려낸 작품이다. 일반적으로 시나 시조는 비유가 생명이라고 하지만 반드시 그런 것은 아니다. 비유가 지나치면 독자와의 소통을 어렵게 만들지만 이처럼 일상적인 말로 표현하면 오히려 독자와 소통을 쉽게 하여 그 간극을 좁힐 수 있는 장점도 있다.

　　물안개 곱게 피는
　　남한강 목계나루

　　거룻배에 걸터앉아
　　저녁노을 바라본다.

　　지난날
　　추억을 담아
　　시조 한 수 낚으며.
　　　　　　　　　　　　　　　　　　　<목계나루> 전문

　목계나루는 수운(水運)이 발달했던 나루이다. 중원 문화의 발생지 충주가 번창하는 데 큰 역할을 담당해 오던 나루이다. 지금은 육로가 교통의 중심이 되었지만, 예전에는 배가 아니면 한양까지 소달구지를 이용하여 물건을 운반했을 것이다. 송정 시인은 옛날을 회상하며 나룻배에 올라 시 한 수를 낚고 있다. 그 여유로움과 풍류가 눈에 선하다. 더

구나 나룻배에서 바라보는 낙조는 정말 아름다운 한 폭의 수채화였을 것이다.

    게다가 막걸리라도 한잔하면서 시를 읊는 시객은 선비들만이 즐길 수 있었던 낭만의 소유자들로 풍류를 만끽하면서 저녁노을을 바라보곤 했을 것이다. 아마 시조를 짓는 멋과 맛은 바로 이런 게 아닐까 한다.

    산새들 지저귀는 덕유산 깊은 계곡
    백련사 연꽃 피워 폭포로 내리쏟고
    칠선녀
    옥피리 소리
    은은하게 들린다.

    반딧불 반짝이는 친환경 청정계곡
    여름밤 개똥벌레 무주를 비행하며
    구천동
    칠흑의 밤을
    유성처럼 밝힌다.

<반딧불 축제> 전문

    요즘 도시에서는 반딧불을 보기 어려우나 시골에서는 가끔 반딧불을 볼 수 있으리라 생각된다. 시골 여름밤을 수놓는 반딧불은 어린이들에게 호기심을 불러일으키고 꿈을 꾸게 만들었다. 고향을 떠나 도시에 새 삶을 마련한 이방인들에게는 꿈에도 잊을 수 없는 향수이다. 첫수 중장에 '백련사 연꽃 피워 폭포로 내리쏟고 게다가 선녀의 옥피리 소리 은은히 들리는데 한 줄기 유성처럼 반딧불이 칠흑의 밤을 가르며 날아가는 모습은 신비로운 시골 밤의 축제임이 틀림없다. 이 '반딧불이 축제'가 이제는 세계화되고 있다. 세계인들은 한국인들 가슴에 살고 있는 아름다운 심성을 결코 잊지 못할 것이다.

    봄비가 내리는 날
    먼 산을 바라보니

    허전한 마음속에
    그리움만 쌓인다.

    임께서
    떠나시던 날
    소쩍새는 울었지.
                              <그리움> 전문

  사람은 누구나 '그리움'을 안고 살아간다. 이 그리움은 정(情)이며 사랑이다.
  봄비가 내려 꽃잎이 지는 것을 보게 되면 알 수 없는 그리움, 보고 싶음, 첫사랑이 생각난다. 이런 감상(感想)은 시인이 지닌 정서가 선하고 아름다워서 생기는 감정이 아닐까? 종장에서 '임이 가시던 날 소쩍새는 운다.'라고 했다. 실제 소쩍새가 울든 말든 이미 화자의 마음에서는 소쩍새가 눈이 퉁퉁 붓도록 울고 있다. 그 울음소리는 시인이 아니면 들을 수 없다. 시인은 꽃의 미소도 보고, 바위의 언어

까지 듣는다. 이런 능력이 시인만이 가질 수 있는 특권이며 행복이다.

> 친구가 그립거든 쉼터를 찾아오게
> 고스톱 한판 치고 막걸리 한잔하고
> 더 늙기
> 더 늦기 전에
> 우리 함께 누리세.
> <노년의 쉼터> 전문

우리는 늙어 가면서 최소한 세 종류의 친구는 반드시 사귀어야 한다.

아내, 책, 그리고 나이와 상관없이 술 한잔 나누고 싶은 사람으로서 이 세 친구가 노년에는 필요하다. 내가 먼저 다가가면 되는 아주 쉬운 일이다. 한마을에서 자란 죽마고우는 언제 만나도 반갑고 어딜 가나 그립다. 시인의 말처럼 더 늦기 전에 만나서 누려야 한다. 우리는 때를 기다리지만 시간은 우리를 기다려 주지 않는다. 멍석이나 돗자리를 나무그늘 아래 깔아놓고 장군 멍군 장기를 두던 일도, 술 한잔 마시기 위한 핑계로 고스톱 치던 추억도 아름답고 잊지 못할 행복의 순간들이었다. 우리는 이런 행복을 멀리서 찾고 있다.

네 잎 클로버를 찾으면 행운이 온다고 해서 우리는 종종 쓸데없는 데다 에너지를 허비한다. 그래서 누군가 이렇게 말했다, "행운을 찾겠다고 행복을 밟고 다니지 말라."

세상 이치에는 다 때가 있다. 그때를 놓치면 우리는 후회하게 된다. 높은 위치, 좋은 자리, 베풀어야 할 때가 있다. 노년은 생이 무르익어 빛나기도 하지만 아침노을보다는 저녁놀에 가까워서 이제는 베풀어야 하고 용서해야 하고 무조건적으로 사랑을 주어야 할 시기이다.

시인은 독자가 원하든 원치 않든 간에 그리움의 세계로 독자를 끌고 다니는 마력을 지닌 능력의 소유자이다.

>   만년을 물속에서 뒹굴며 부서지고
>   깎이고 씻긴 허물 본성本性만 남아있어
>   온몸이 으스러진 삶 아픈 사연 남긴다.
>
>   자존을 내려놓고 비우고 가셔내어
>   모암이 촌석寸石으로 생명을 다시 이은
>   명품 석 오묘한 자태 경외감이 듭니다.
>
>   외면의 산수경山水景은 겸양의 본질이니
>   범인凡人께 교시敎示하는 착하고 고운 마음
>   애석愛石을 어루만지며 자문자답 합니다.
>   <수석(壽石)> 전문

수석에서 우리는 자연의 오묘한 아름다움을 발견하게 된다. 필자 역시 수석의 오묘한 매력에 빠졌던 추억이 있다. 필자가 충주에서 근무할 때 맺어진 인연이다. 지금까지도 많은 수석을 소장하고 있으며 길을 가다가도 이상한 돌을 보면 그냥 지나치지 않는 습관이 배어 있다. 자연의 손

재간이 이처럼 오묘하다는 사실에 놀라움을 금치 못한다. 우리 인생도 세파에 깎이고 깨지고 부서져야 아름다운 본래의 모습만 지니게 된다. 시인은 이를 본성(本性)이라 부르고 있다. 본성은 꾸며지거나 다듬어지지 않은 본래의 모습이다. 살면서 묻은 때를 벗겨내는 자세, 자존을 비워내는 진실의 추구, 이런 삶의 지혜를 수석을 통하여 배웠다.

수석은 또한 겸양지덕을 가르친다. 시인은 수석을 어루만지며 대화하고 깨우침을 얻는다. 말 그대로 어떤 경지에 다다른 모습이다. 커다란 바위가 깨져 수천 년 내지 억 년을 가야 한 점 수석으로 탄생한다는 사실을 보면 수양하여 깨우침을 얻는 불자의 모습이 생각난다. 지금 시인은 일반인들이 발견하지 못한 삶의 한 단면을 수석을 통하여 발견하고 자기 삶과 대비시켜 어떤 깨달음 내지는 철학을 살겠다고 다짐하고 있는 것이다. 하기야 세상의 모든 존재가 다 스승이긴 하지만.

> 인생사 내 마음에 꼭 드는 사람 있나
> 나 또한 남의 맘에 꼭 맞게 살 수 없지
> 모든 걸 이해하면서 그러려니 하고 사세
>
> 내 귀에 들리는 말 어찌 다 좋겠는가.
> 내 말도 남의 귀에 거슬릴 때 있으니
> 모든 걸 참아 가면서 그러려니 하고 사세
>
> 상대가 주는 상처 마음 아파 하지 마세
> 남들이 비난해도 서운해 하지 말고

모든 걸 비워가면서 그러려니 하고 사세.
　　　　　　　　　　　<그러려니 하고 사세> 전문

　이 세상에는 내 편만 존재하는 것은 아니다. 세상 만물의 모습이 다 다른 것처럼 사람의 마음도 다 다르다. 젊었을 때와는 달리 노년으로 접어들면 마음을 비워야 산다. 그래야 평화가 온다. 그것이 행복이다.
　시인은 이런 노년의 경지를 달관한 듯 독자를 향하여 '그러려니 하고 사세'라고 권유하고 있다. 사실은 본인이 본인에게 하는 말이다. 본인의 마음을 숨겨 은연중에 제3자가 알고 배우도록 겹겹의 은유를 치고 있다.
　그릇이 다 차면 무슨 재주로 새것을 담겠는가? 그러니 비워내야 한다. 살을 빼면 몸무게가 줄고 마음을 비우면 정신이 맑아지고 못 보던 사물을 볼 수 있다. 상대가 나에게 준 상처도 되돌려 주면 안 된다. 그냥 버리면 된다. 이 세상의 진리란 우주의 질서와 신의 섭리뿐이다. 나머지는 모두 허상이다. 헛것을 보고 우리는 흥분하고 화내고 상처를 받는다.
　그래서 시인은 다음과 같이 노래하고 있다.

　　선하게 살아가리
　　부족한 듯하면서

　　욕심을 다스리어
　　내 복에 감사하고

내 그릇
내 몫만 담아
내 그릇을 채우리.

<내 그릇> 전문

　자족지분(自足知分)하면 행복하다. 말은 쉽지만 지분하기가 어렵다. 내가 나를 안다는 것 참으로 어려운 문제이다. 작은 그릇에 많은 물건을 담을 수 없다는 것이 평소 필자의 생각이다. 시인이 말한 대로 내 그릇이 작은 데 어찌 더 달라 하겠는가? 더 달라, 더 내놓으라는 것은 욕심이다. 욕심은 화(禍)를 부른다고 옛 어른들은 말씀하셨다.

　우리는 감사하다는 마음을 늘 잊고 산다. 따지고 보면 이 세상에 감사하지 않을 일이 어디 있겠는가? 남을 이기려고 하면 싸움이 되지만 부족한 듯, 바보인 듯 늘 양보하면 탈날 일이 안 생긴다. 남과 다투거나 증오심도 생기지 않는다. 더구나 욕심을 다스린다는 표현은 시적 표현이라기보다 철학적 의미를 내포하고 있는 삶의 지침이라 하겠다.

　일찍이 그리스의 철학자 소크라테스는 "너 자신을 알라"고 말했다. 그의 제자 알키비아데스는 이 말을 듣고 이렇게 외쳤다.

　"나는 그의 말을 듣고 심장이 뒤흔들리고 눈물이 마구 쏟아졌으며 노예 같은 상태에 빠졌다"라고.

　이처럼 자기 그릇의 크기를 먼저 생각하는 송정 시인은 아마도 소크라테스 못지않은 양심의 소유자 아닐까 한다.

게다가 시인은 감사할 줄 아는 양심의 소유자다.

이 작품을 감상하며 나도 나 자신을 되돌아보는 계기로 삼아야겠다.

  가뭄에 봇물 가둬
  어린모 심은 들녘

  아련히 들려오는
  개구리 울음소리

  애수의
  소야곡 속에
  묻어놓은 그리움.
<향수鄕愁> 전문

이 작품은 2018년 1월 6일 (사)한국시조문학진흥회로부터 "제1회 한국시조문학 대상"을 받은 작품으로 알고 있다. 이 작품을 읽으면서 정완영 선생의 「개구리 울음소리」라는 작품이 떠올랐다.

  "배꽃이 흐드러지게 봄을 웃고 떠나간 후/배꽃 같은 개구리 울음이 온 골 안을 흔듭니다/배밭도 논밭도 귀가 먹먹 마을이 온통 떠나갑니다//"

정완영 시인은 초장 중장 종장 모두 첫 글자가 "배"자로 시작되고 있다. 두운을 두었기 때문이다. 개구리울음이 온

동네를 떠간다고 했다. 송정 시인도 개구리울음을 끌어들여 독자의 마음을 뒤흔들고 있다. 모내기철이 되면 시골 마을은 온통 개구리 맹꽁이 울음으로 동네가 떠나갈 듯하다. 모내기해본 경험이 있다면 누구나 공감하는 이야기다.

   서울에서도 가끔 산 아래 있는 물가에서 개구리 소리를 들을 때가 있는데 그렇게 반가울 수 없다. 아주 오래전에 헤어진 친구를 다시 만난 기분이다.

   송정 시인은 종장에서 '애수의 소야곡'이라 불렀다. 사랑하는 연인의 집 창가에서 애절하게 불러보는 노래이다. 다만 여기서 문제가 되는 것은 -요즘은 이렇게 쓰는 작가가 많긴 하지만 -관형격 조사 '의'의 사용이다. 종장 첫마디 3자는 독립적인 어휘가 놓여야 하는데 종장 첫마디에서는 '의'는 비독립적이다. 즉 '애수의 소야곡'까지가 의미를 생산하는 단위가 되기 때문이다. 그리고 이 작품 전체를 살펴봐도 화자의 결의, 즉 결론이 없이 문장이 미완성 상태인 것처럼 남아있다. 이유는 종장 후구에서 '그리움'이라는 명사형 어휘로 마감을 했기 때문이다. 음수는 정확히 지키고 있으나 문장 성분을 짚어보면 시조형식을 벗어난 결과가 된다. 이처럼 아쉬운 점은 좀 있으나 감상에 젖기는 충분하고 독자와의 소통에도 문제가 없는 작품이라고 본다.

     후미진 골목길에 남루를 걸쳐 입고
     역사의 뒤란으로 밀려난 풍물시장

부대낀 서민의 삶이 고스란히 묻어있네.

　　목이 쉰 저 유성기 눈길 한번 못 끌지만
　　한때는 명품으로 좋은 시절 보냈었지
　　무너진 시공 속으로 한 생애가 지나간다.

　　비좁은 골목에다 걱정을 내려놓고
　　옛 정을 줄줄 엮어 허기를 채운 여정
　　정 두고 떠나는 나그네 발걸음이 무겁다.
<풍물시장> 전문

　위 작품은 2018년 10월 (사)한국시조협회에서 주최한 "대은시조문학상" 심사에서 문학상을 받은 작품이다. 훌륭한 작품이다.

　<풍물시장>이라는 작품을 접하는 순간 우리 삶의 한 면을 대변하구 있구나 하는 느낌을 받았다. 사물을 인간의 삶에 환치(換置)한 글재주가 비범하다.

　풍물시장에 나온 물건들도 한때는 신제품이라는 번듯한 이름을 달고 나름대로 품위 있게 사랑받으며 살았을 것이다. 세월엔 장사가 없다고 했던가? 실존하는 세상 만물은 모두 그 생을 마감할 때가 온다. 인간의 삶과 똑 같다. 우리는 그 실체들을 보면서 그와 같이 초라해지지 않으려고 노력할 뿐이다.

　이 작품은 우선 형상화가 뛰어나다. 풍물시장에 나와 있는 낡고 고장 난 제품들을 보면서 인생의 삶에 오버랩시킨 발상이 남다르다. 형상화가 잘 되면 시조작품 반은 지은 것이다. 이 형상화를 변용(deformation: 데프로마시용)의 과정을 거치면서 어떻게 문자화하고 시조의 틀에 맞출 것인지가 매우 중요한데, 화자는 이 또한 무난히 마무리하였다. 시조는 종장이 생명인데, 다시 말해 화자의 사상과 철학이 응집된 곳인데 위 세수 모두 종장 처리가 매우 훌륭하다. 화자의 결의를 분명히 드러내고 있기 때문이다. 즉 "서민의 삶이 맺혀있다.", "한 생애가 지나간다.", "발걸음이 무겁다."처럼 결의가 완벽하여 다른 여지를 주고 있지 않다.

  위 작품은 3수로 된 연시조이면서도 그 짜임새가 매우 야무지다. 우선 음수가 정확한 정형의 틀을 고수하고 있으면서도 문장의 흐름이 물과 같아 막힘이 없다. 초장, 중장, 종장의 연결성이 매우 뛰어나다. 첫수에서는 먹고 살아야 한다는 서민들의 고달픈 삶을, 둘째 수에서는 고가의 유성기로 부(富)의 상징이 되기도 했던 그 존재가 이제는 고장이 나서, 유행에 뒤처져서 뒷골목으로 밀려나는 신세가 되었다. 말하자면 존재감을 상실해 가는 중이다. 우리도 젊었을 때는 패기와 열정으로 자기가 맡은 분야에서 한 몫을 단단히 해냈지만, 세월에 떠밀려 은퇴라는 명찰을 달게 되면 뒷전으로 밀려난다. 뒷전으로 밀려난다는 것은 관심에서 멀어지는 것이며 잊혀져 가고 있다는 슬픈 현실이다. 누구나 가야 하는, 피할 수 없는 길이다.

  종장 "무너진 시공 속으로 한 생애가 지나간다."라는 표현은 그야말로 우리 인생이다.

셋째 수에서는 바쁜 일상에서도 잠시 과거를 회상하면서 새록새록 떠오르는 자신을 돌아보며 정겨운 모습들을 줄줄이 엮어내고 있다. 과거를 생각하는 것만으로도 배고픈 것을 잠시라도 잊는다. 그러나 문득 현실로 돌아와 보면 살아야 하는 힘든 여정이 기다리고 있다. 이것이 인생 이건데 화자는 어찌 발걸음이 무겁지 않을 수 있는가?

위 작품은 세 수 모두 비유가 또한 뛰어나다. 낡은 물건을 '남루를 걸쳐 입고', '역사의 뒤란으로 밀려난', 고장 난 유성기를 '목이 쉰', '무너진 시공', '허기를 채운 여정', 같은 표현은 참으로 훌륭하다. 시는 3인칭 현재 시제로 화자의 독백이라고 오세영 교수는 말한 바 있는데 한 시인은 어디에고 자신을 드러낸 곳이 없다. 3인칭 현재이다.

또 문장의 구성을 보면 주체가 분명하여 흔들림이 없고 장과 장의 연결성이 유연하다. 전혀 막힘이 없다. 오랜 가뭄 끝에 단비를 만난 기분이었다고나 할까, 참으로 행복하여 몇 번이고 되읽었다.

옹이진 가슴앓이
진흙 속 깊이 박혀

청빈의 꽃을 들고
맨발로 우뚝 서서

황사로
찌든 세상을

근심하고 있구나.

<연꽃> 전문

연꽃은 화려하다기보다 고결하다. 이렇게 고결한 품위를 유지하기까지 그는 진흙 속에 박혀 누구도 눈치채지 못한 고통을 감내해야 한다.

한 송이 연꽃을 피워내기까지 지독한 어둠과 숨 막히는 환경 속에서 수많은 날을 눈물로 보냈는지도 모른다. 그러나 송정 선생은 시인의 눈과 귀로 이 모든 사실을 간파해 내고 있다. 청빈의 꽃을 들고 세상으로 나와 보니 황사와 미세먼지가 또 괴롭히고 있다. 그러나 연꽃은 "괴롭다"고 말하는 것이 아니라 오히려 사람 근심을 하고 있다. 세파에 찌들어 힘들게 살아가는 인간 사회가 너무 가슴 아파서 자기 자신을 먼저 생각하는 게 아니라 사람을 걱정해 주고 있다. 시인은 이 글을 통하여 이기(利己)가 아닌 이타(利他)의 정신을 강조하고 있다.

이 작품은 의인법이라는 수사법을 동원하여 그 형상화 과정을 아주 실감 나게 만들었다. 사람이 진흙에서 나온 연꽃을 가엾게 여기는 게 아니라 연꽃이 인간을 걱정해 주는 지경까지 이르렀다. 그러나 우리의 현실은 어떤가? 환경이 파괴되든 계절이 뒤집어지든 우리는 하나라도 더 쟁취하기 위하여 헐뜯고 비방하고 전염병이 창궐하는 가운데도 저만 먼저 살겠다고 마스크며 생필품을 사재기하는 모습이 우리의 진면이다. 이를 보며 연꽃은 무슨 생각을 할까? 솔직히 연꽃이 인간을 측은하게 바라보았을 것이란 생각에서 필자는 부끄러움을 감출 수 없다.

> 허리띠 졸라맸던
> 한 많은 보릿고개
>
> 새 기술 개발하여
> 농가에 보급하고
>
> 통일벼
> 확대재배로
> 식량자급 이루었다.
>
> <녹색혁명> 전문

이 시조는 과거를 돌아보고 미래를 설계하는 작품이다. 과거가 없는 미래는 없다. 특히 요즘 같은 코로나 난국에 젊은 세대들에게 시사하는 바가 크다. 송정 시인은 1965년부터 농촌지도직 공무원으로 사회생활을 출발하여 지난 40여 년간 오직 농업, 농촌, 농민을 위해 헌신 봉사하고 2006년 충주시 농업기술센터 소장으로 정년 퇴임을 한 상록수 공무원 출신 시인이다.

송정 시인은 초장에서 "허리띠 졸라맸던 한 많은 보릿고개"라고 직접 체험한 소회를 밝히면서 식량이 부족하여 고생했던 그 힘든 보릿고개를 고백하고 있다. 이 어려운 시기에 충주지역 출신인 농촌진흥청 허문회, 배성호 농학박사가, 필리핀 국제미작 연구소에서 다수확 벼 품종인 "통일벼"라고 하는 기적의 볍씨를 연구 개발하여 농가에 보급하게 되었다.

   시인은 종장에서 "통일벼 확대재배로 식량자급 이루었다"로 결론을 맺었다. 이 기적의 볍씨를 농민들이 재배하도록 녹색 자전거에 녹색 모자와 녹색 완장을 차고 농촌 곳곳을 찾아다니며 열심히 기술 지도를 해준, 녹색혁명 완수의 주역이 바로 송정 시인이다. 국민의 한 사람으로 70년대 식량 증산을 위해 헌신 노력한 전국의 농촌진흥 공무원 여러분의 노고에 다시 한번 깊은 감사를 표한다.

     비바람 오랜 세월 사선을 넘던 그날
     총탄이 남기고 간 전우의 붉은 핏물
     구천동
     너럭바위에
     넋이 되어 흐른다.

     백연사 연당가에 땅거미 드리우면
     패잔병 투항소리 아련히 들리는 듯
     구천에
     떠도는 영령
     승전고를 울린다.
   <전선계곡(戰線溪谷)> 전문

   위 작품은 무주 덕유산 구천동 6.25 전적지였던 구천동 수호비를 보고 그 감회를 읊은 작품이다. 부제에서 밝히고

있듯이 6.25는 우리 민족의 치욕적인 역사이다. 이념이란 단 하나의 이유만으로, 적화통일이라는 야망에 불타는 김일성은 피도 눈물도 없이 야음을 틈타 남침을 강행하였음은 다 아는 사실이건만 지금도 그들은 북침이라는 생트집을 서슴지 않고 있으며 그를 동조하는 어리석은 무리가 남남갈등을 부추기는 행태를 볼 때마다 가슴이 아파져 오고 분노가 치밀어 오른다. 아마 시인도 피난길을 떠났던 기억이 아련할지도 모르겠다. 사랑하는 내 전우가 옆에서 죽어갈 때 그 한은 아직도 삭히지 못해 구천동 너른 바위를 벌겋게 물들이고 있다고 시인은 느낀다. 피아를 막론하고 그 영혼들은 지금까지 구천을 떠돌며 울고 있는지도 모르겠다. 그들은 왜 목숨을 내놓고 단 한 번 왔다가는 이승에서 죽고 죽이는 전쟁을 치러야만 했을까?

 이념이란 도대체 무엇이기에 평화라는 명분을 앞세워 전쟁을 해야 할까?

 국민의 생명과 재산을 보호해야 할 지도자의 허울뿐인 명분을 뻔히 알면서도 왜 우리는 반대하지 못하고 오히려 충성심으로 불타야 하는가? 참으로 아이러니가 아닐 수 없다. 인류의 역사는 전쟁의 역사일 뿐이다. 어느 나라의 역사를 보더라도 한 사람을 죽이면 살인자가 되고 천명을 죽이면 영웅이 되고 만 명을 죽이면 천하를 얻었다.

 시인의 귀는 반백 년의 역사 속에서 그 아수라 같던 소리를 생생히 듣고 있다. 승자의 환호, 패자의 탄식뿐 아니라 인간의 야욕으로 무죄하게 죽어간 작은 벌레의 통곡까지도 듣고 있다.

    삭신이 쑤시도록 힘겹게 살아온 생
    뼛골이 으스러지고 혓바닥이 드러나도
    무릎 위
    손끝 도술에
    해진 상처 아문다.

    숙명처럼 살아온 쪽방촌 살림살이
    늘어난 주름살에 세월은 저물어도
    징그리*
    망치 소리는
    경사제를 박는다.
                            <구두병원> 전문

  이 작품은 어느 구두 수선공의 솜씨를 의인화하여 쓴 작품으로 보아야 할 것이다.
  사실 우리는 한 생을 살아오면서 감사할 줄 너무 모른다. 온통 감사할 일뿐이다. 만약에 신발이 없이 맨발로 살아간다면 어떨까? 아마 제일 먼저 감사할 일은 구두이다. 내가 어디를 가든 거부한 적 없는 심부름꾼이다. 가시밭길을 가면서 제 몸은 온통 가시에 찔려 상처투성이가 되어도, 한여름 발 냄새가 진동해도, 엄동설한에 눈길을 가면서도 오직 주인을 위해 희생을 할 뿐이다. 이 얼마나 감사할 일인가? 이 한 켤레의 구두를 짓는 장인의 고마움은 또 말로 표현하

기 부족할 뿐이다. 다 망가져 혓바닥이 드러나도, 온몸이 낡고 병들어 늘어지고 찢어져도 장인의 손이 없었다면 우리의 발은 안전하지 못했을 것이다. 구두 수선공은 파란 하늘 한쪽을 뚝 잘라 덧붙이고 생각을 덧대고 못질과 박음질을 야무지게 해서 미소 한 움큼을 반짝반짝 빛나도록 덤으로 얹어 구두 주인에게 되돌려 준다. 얼마나 감사할 일인가? 그의 살림은 숙명 같다고 시인은 말한다. 하늘이 준 직업이기에 그는 감사하며 자기의 직업에 충실한 사람이다. 쪽방이 됐든 호텔이 됐든 불평함이 전혀 없는 그는 삶의 달인인지도 모르겠다. 그가 행복해 하는 일은 오직 구두의 주름살을 펴는 일이며, 징그리 소리를 듣는 기쁨이고 구두 주인의 환한 미소일 뿐이다.

시인의 작품을 통하여 행복이 무엇인지 다시 한번 생각하게 된다.

구순의 백발노인 번호표 뽑아 들고
마을금고 창구에서 순서를 기다린다.
한 평생
몸에 밴 저축
백세시대 표상이다.

자식들 걱정되어 용돈 모아 적금 붓고
아끼고 절약하는 알뜰하신 깊은 사랑
가득 찬
행복주머니
가풍으로 이어진다.

<적금> 전문

 이 작품을 감상하며 필자는 많은 회억에 휘감기었다. 그 이유는 필자가 은행에 종사한 사실 때문이다. 적금은 우리나라가 근대화를 앞당긴 주역이었으며 GNP를 끌어올린 장본인이며 우리나라를 선진국 대열에 들게 한 주역 중 하나이다. 허리띠를 졸라맨 사람들은 절약이 삶의 일부였으며 내 몸의 일부이기도 했다. 절약은 바로 내 살림을 풍요롭게 만들어 주는 효자의 역할도 했다. 이 적금을 만기에 받으면 집안 살림이 풍요해지는 사실을 확인하는 행복한 순간이 된다. 요즘은 제로 금리가 되어 가입했던 적금을 오히려 해약하고 다른 투자처를 찾는 것이 일반화되어 있으나 과거에는 재산을 축적하는 유일한 수단이 된 적도 있었다. 시인이 말한 대로 행복의 주머니이다.

 더구나 요즘은 백세시대이다. 그러나 백세시대를 보장해 줄 어떤 직업도 존재하지 않는다. 돈이 없으면 경제적 활동이 불가능하다. 저축은 나의 품격을 높여주는 메신저이다.

  산마루 굽이돌아
  가을빛 휘어잡고

  허전한 마음으로
  오솔길 걷노라면

덧없이
흘러간 추억
낙엽처럼 쌓인다.

<산행> 전문

　공자는 말했다. "子曰, 知者樂水, 仁者樂山. 知者動, 仁者靜. 知者樂, 仁者壽."라 했다. 즉, "지혜로운 사람은 물을 좋아하고, 인자한 사람은 산을 좋아한다. 지혜로운 사람은 움직이고, 인자한 사람은 고요하다. 지혜로운 사람은 즐겁게 살고, 인자한 사람은 장수한다."
　아마 시인 역시 산행을 즐기는 것으로 보아 인자하고 지혜로운 사람임이 틀림없을 것 같다.
　이 작품은 단시조이면서 아주 많은 의미를 내포하고 있는 작품이다. 시인이 걸어가고 있는 시간, 산의 모습 등이 눈에 선하다. 꼭 공자의 말씀이 아니라도, 산을 좋아하는 사람치고 나쁜 사람이 없으며 물을 좋아하는 사람치고 정이 없는 사람은 없다. 그래서 시인의 성품이 온유하고 어진지도 모르겠다.
　"산마루 돌아가며 가을빛을 휘어잡는다." 했으니 참 멋있는 표현이다. 이런 시구 하나를 찾아냈을 때 시인은 행복을 느낀다. 이런 구절 하나 두고 행복해할 독자를 생각하면 시인은 천하를 얻는 기쁨을 느낀다. 아마 시인은 이런 맛에 시를 쓰지 않을까.
　일반적으로 빛은 휘거나 꺾을 수 없지만 시인만은 꺾을

수도, 휠 수도 있는 능력의 소유자가 된다. 아마 저녁 무렵인가보다. 이럴 때면 마음이 허전해지고 자신이 걸어온 삶을 되돌아보는 것은 누구나 같을 것이다. 허둥지둥 현실에 살다 보면 어느새 자기 인생은 저녁 무렵이 된다. 아무리 업적이 많다 하여도, 쌓은 공로가 크다 하여도 아쉬움이 남는 것은 당연한 일일 것이다. 추억만 낙엽처럼 수북이 쌓인 길 그 길이 내가 살아온 길이다. 시인 역시 가을빛을 휘어잡는 이유는 어떤 아쉬움 때문일 것이다. 가을은 겨울로 들어가는 쇠퇴기의 입구이다. 수확의 계절이라 하여 풍요를 뜻하기도 하지만 그보다는 인생의 후반기로 들어가는 아쉬움이 있는 계절이기도 하다. 특히 노년에 접어들면서 느끼는 감정은 확실히 무엇인가 짚을 수 없는 아쉬움을 지니게 마련이다.

III.

이상 몇 편의 작품을 대상으로 송정 한재희 선생의 사상과 철학 또는 그가 거닐고 있는 시 세계를 산책해 보았다. 작품의 내용도 좋았지만, 시조 정형성을 전혀 흩트려 놓지 않고 있는 시조 정신이 아름답다. 정형을 지키면서도 시의 맛과 멋 예술성으로 얼마든지 작품을 창출할 수 있는 자신감을 보인 시조집이다. 송정 선생의 작품 특징은 프랑스 시인 발레가 말한 대로 "포에지 퓌르(Poèsie pure)", 즉 순수하게 감동을 불러일으키는 정성적 요소들로 짜인 작품들이 대다수라는 점이다. 그래서 아름다운 것이다.

독일의 철학자 칸트가 "순수이성 비판"에서 주장한 아 프리오리(a priori)와 아 포스테리오리(a posteriori) 중 시인의 감성적 출발점은 어디일까?

어느 것에 영향을 더 받았을까? 선천적 감성일까, 아니면 후천적 경험의 결과물일까?

시인에게 있어 이 두 과제는 어느 것도 포기할 수 없겠지만 아마 송정 선생 역시 이런 선천적 감성과 경험적 감성을 바탕에 깔고 작품을 창출했을 것이라는 생각을 해본다.

어떤 시인은 "눈물이 사태 진 골도 돌아보면 꽃밭이다."라고 노래했다. 송정 선생의 세대는 누구나 눈물로 사태 난 시절을 보냈다. 보내고 싶어서 그런 것이 아니라 주변의 환경이, 주어진 역량이, 문명의 미성숙이, 국력이 미약해서 어쩔 수 없이 운명처럼 받아들이고 산 시절이었다. 그러나 선진국의 대열에 합류한 지금 눈물로 얼룩졌던 그 골짜기를 되돌아보면 그 아픔이 밑거름되어 아름다운 꽃을 피워내고 있는 것이다. 이런 꽃밭을 일구기 위해 그 세대들은 허리끈을 졸라매야 했고 휴가나 여행이라는 낱말을 사전에서 찾아보는 것으로 만족해했던 세대들이다. 요즘 이 세대가 풍요를 누리기까지 어머니들의 눈물 젖은 행주치마가 있었고 아버지들의 외줄타기 곡예도 있었고 철부지 자식들의 허기진 배가 있었다. 송정 한재희 선생의 작품을 일독하면서 나 역시 타임머신을 타고 옛날로 돌아가서 시골 동네 친구들도 만났고 짝사랑했던 순이도 만났다. 행복하게 해주어 감사하다는 인사를 드린다.

  앞으로 松亭 시인은 더욱 아름다운 시조작품을 창작하여 많은 이에게 행복을 듬뿍 주실 것이고 후배들의 교육에도 심혈을 기울여 주실 것을 믿어 의심치 않는다.

  시조집『해오리 꿈을 찾다』상재를 거듭 축하드린다.

■ 시조시인 한재희(韓載熙)

◆ 아호: 송정(松亭),
▷충북 충주 출생

◆ 학력, 경력, 수상
▷서울대학교부설 한국방송통신대학농학과졸업
▷충주시농업기술센터소장퇴직/서기관(4급)
▷건국에코서트인증원/자문위원장(현)
▷충주문화새마을금고/감사(현)
▷시장, 도지사, 농림수산부장관상
▷국무총리표장
▷대통령표창
▷녹조근정훈장

◆ 문단활동
▷(사)한국시조문학진흥회 자문위원
▷(사)한국시조협회 이사. 충북지부장 역임
▷충주시조문학회 부회장 역임

◆ 문학상
▷≪시조문학≫ 신인상 등단
▷1회 수안보온천시조문학상 대상
▷1회 한국시조문학상 대상
▷5회 대은시조문학상 작품상
▷2회 청명시조문학상 은상

◆ 시조집
▷제1집『풀꽃이 아름다운 것은』
▷제2집『해오리 꿈을 찾다』

◆ E. jehe46@naver.com

◆ 題字: 心泉 申重澈(韓國書藝協會 忠州副支部長)
◆ 表紙寫眞 : pixabays

우리동네 문학 한 바퀴 강의

해오리 꿈을 찾다

1판 1쇄 발행 2020년 6월 20일

지은이 | 한 재 희
펴낸곳 | 열린출판
등록 | 제 307-2019-14호
주소 | 서울특별시 성북구 솔샘로25길 28, 114동 903호
전화 | 02-6953-0442
팩스 | 02-6455-5795
전자우편 | open2019@daum.net
디자인 | SEED디자인
인쇄 | 삼양프로세스

ⓒ 한재희, 2020

ISBN 979-11-970404-1-2   03810

*책값은 뒤표지에 표시되어 있습니다.
*저자와 협의하여 인지를 생략합니다.

이 책은 충주시 충주중원문화재단의 후원으로 발간되었음.

이 도서의 국립중앙도서관 출판예정도서목록(CIP)은
서지정보유통지원시스템 홈페이지(http://seoji.nl.go.kr)와
국가자료종합목록시스템(http://www.nl.go.kr/kolisnet)에서
이용하실 수 있습니다. (CIP제어번호 : CIP2020021940)